# Alexandra Ledermann



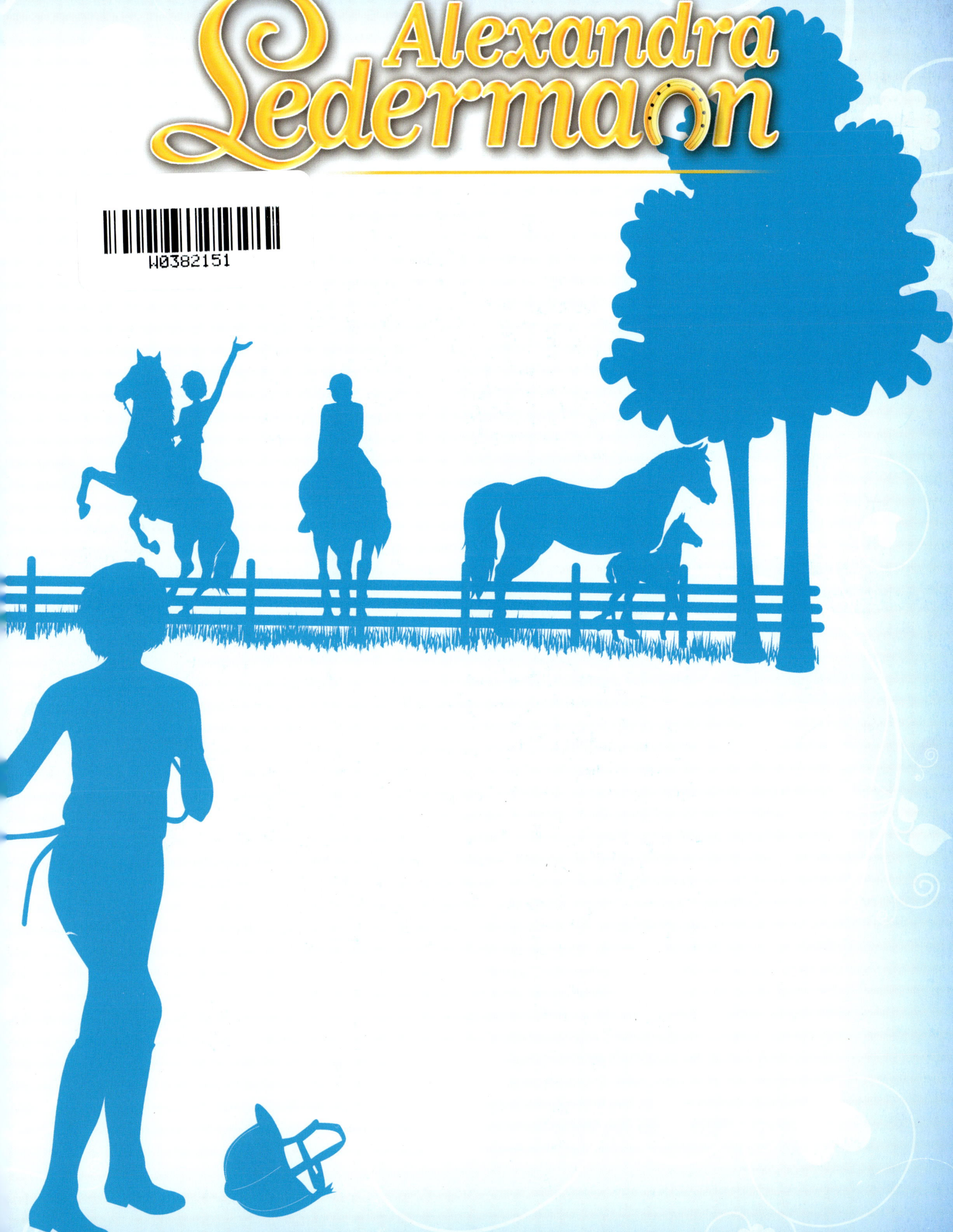

*Toute mon amitié et mes remerciements à Olivier Berlion sans lequel je n'aurais peut-être jamais pratiqué ce merveilleux métier...*

*Skiav*

Scénario : histoire originale de Véronique Grisseaux
Dessin : Skiav
Mise en couleurs : Murielle Rousseau

ISBN : 978-2-874-42417-5



Première édition - Novembre 2008

Imprimé en France par Pollina s.a., Luçon - L21724. Dépôt légal : Novembre 2008; D.2008/0053/571

VOUS ÊTES PRÊTS LES ENFANTS ?... BIEN... ON VA POUVOIR COMMENCER...
VROUUM...
Haras de Brocéliande
OUI PAPA... C'EST DOMMAGE... EMBRASSE MAMAN...
ON EST ARRIVÉS MADEMOISELLE VIVIANE...
BIENVENUE AU HARAS DE BROCÉLIANDE...

PAS L'AIR SYMPA, LA NOUVELLE !...
HiiiHiiiHii !...
MOUAIS... MAIS ELLE EST VACHEMENT CANON !...
TOUT DOUX ARTHUR, TOUT DOUX...
N'EST-CE PAS JULIEN ?...
MMH ?...
VIVIANE, BONJOUR ! JE SUIS ALEXANDRA...
JE SUIS LÀ POUR VOUS PRÉPARER À LA FAMEUSE COMPÉTITION NATIONALE DE SAUT D'OBSTACLES !...
OUI, JE SAIS... LE "GALOP D'ARGENT" ! ...ET JE COMPTE LE REMPORTER CETTE ANNÉE...
C'EST MARRANT... MAIS MOI AUSSI, JE COMPTE BIEN LE REMPORTER !...
MOI, C'EST LISA !...
VOUS SAVEZ QUE C'EST UN GRAND HONNEUR POUR MOI QUE CETTE CÉLÈBRE COMPÉTITION AIT LIEU ICI À BROCÉLIANDE DANS MON HARAS...
OUAIS... BEN Y'A DU BOULOT... C'EST DANS DIX JOURS QU'ELLE A LIEU LA COMPET' !...
SKIAV'08. 2.B

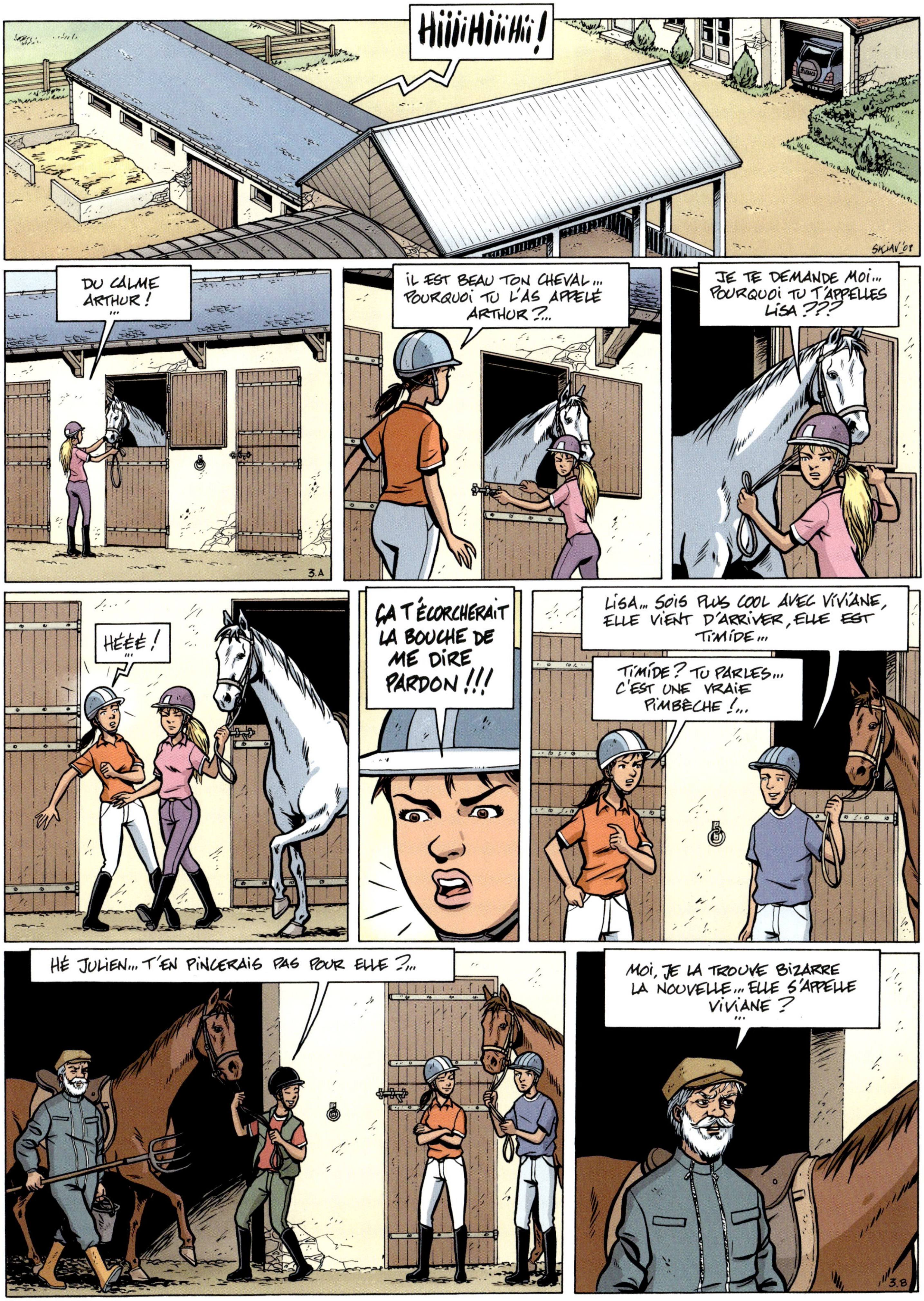
HiiiiHiiiiHii !
SKIAV 08
DU CALME ARTHUR ! ...
3.A
IL EST BEAU TON CHEVAL... POURQUOI TU L'AS APPELÉ ARTHUR ?...
JE TE DEMANDE MOI... POURQUOI TU T'APPELLES LISA ???
HÉÉÉ ! ...
ÇA T'ÉCORCHERAIT LA BOUCHE DE ME DIRE PARDON !!!
LISA... SOIS PLUS COOL AVEC VIVIANE, ELLE VIENT D'ARRIVER, ELLE EST TIMIDE...
TIMIDE ? TU PARLES... C'EST UNE VRAIE PIMBÊCHE !...
HÉ JULIEN... T'EN PINCERAIS PAS POUR ELLE ?...
MOI, JE LA TROUVE BIZARRE LA NOUVELLE... ELLE S'APPELLE VIVIANE ? ...
3.B

... COMME LA FÉE QUI A VÉCU ICI... ET SON CHEVAL... LUI, C'EST ARTHUR ??? ÇA NE VOUS DIT RIEN ??? LE ROI ARTHUR ??? LA FORÊT DE BROCÉLIANDE... C'EST DRÔLE COMME COÏNCIDENCE, NON ???
OH ! MARTIN... T'AS TROP D'IMAGINATION...
LA FÉE VIVIANE, ELLE AVAIT DES LONGS CHEVEUX AUSSI ...
IL A RAISON MARTIN... ELLE EST VRAIMENT "SPACE" CETTE FILLE ! ...
BON... AU LIEU DE RACONTER N'IMPORTE QUOI... ALEXANDRA NOUS ATTEND POUR L'ENTRAÎNEMENT.
4.A
VIVIANE... REGARDE MES MAINS... IL N'Y A RIEN...
NON... POURQUOI ?
ET HOP ! C'EST POUR TOI !
?
COMMENT TU AS FAIT ?
UN MAGICIEN NE DÉVOILE JAMAIS SES SECRETS...
SKIAV '08
4.B

SALUT !... PRÊTE POUR L'ENTRAÎNEMENT SUR LE PLAT ?
TU LA TROUVES TOUJOURS COOL LA CHARMANTE VIVIANE ???
OH LÀ LÀ... COMMENT ELLE T'A CASSÉ... ELLE NE TE RÉPOND MÊME PAS !
BON... "MADAME-JE-FAIS-DU-MAUVAIS-ESPRIT" !.. FAUT Y ALLER !
5.A
AH ! ON PEUT COMMENCER, VOILÀ LISA ET JULIEN !...
DÉSOLÉE... ON A CROISÉ UN ICEBERG EN VENANT ICI !!!...
BON, LES ENFANTS, VOUS LE SAVEZ TOUS, AVANT DE SE LANCER SUR LES OBSTACLES, IL EST PRIMORDIAL DE BIEN MAÎTRISER LE TRAVAIL SUR LE PLAT, CE QUI VA PERMETTRE AU CHEVAL DE SE METTRE DANS LES MEILLEURES CONDITIONS POUR SAUTER...
SKIAV '08
IL FAUT CHERCHER À AVOIR UN CHEVAL DISPONIBLE, C'EST-À-DIRE À L'ÉCOUTE DE SON CAVALIER... C'EST BIEN ÇA ?...
TU AS RAISON VIVIANE...
JE RÊVE !!! L'ICEBERG S'EST DÉGELÉ !!!
PFF... COMMENT ELLE SE LA JOUE "JE CONNAIS PAR COEUR MES LEÇONS" !...
HUM... HUM... PAS DE MAUVAIS ESPRIT LISA CHÉRIE !
QUOI ??? CETTE FILLE... M'AGACE !
ALLEZ ! TOUT LE MONDE À LA CARRIÈRE...
5.B

PENSEZ À VOUS TENIR DROITS... ALLEZ KIM... À TOI. RALENTIS L'ALLURE POUR MIEUX CONTRÔLER LE DESSIN DE TES COURBES !...
SCHRiiiiiT !...
?!!
HiiiHiiiHiiiii
OH ! ARTHUR !... TOUT DOUX !...
HiiiHiiiHiiii
ARTHUUUUUUUR...
C'ÉTAIT QUOI CE BRUIT ???
JE NE SAIS PAS MAIS C'ÉTAIT EFFRAYANT !!! ÇA M'A GLACÉ LE SANG !
KIM ! PRÊTE-MOI TON CHEVAL !... JE VAIS CHERCHER VIVIANE !...
NON ! MOI, J'Y VAIS !
OK ! MAIS FAIS TRÈS ATTENTION JULIEN !
T'AS RAISON KIM... IL EST COMPLÈTEMENT "IN LOVE" DE CETTE PIMBÊCHE !...
SKIAV'08.

VIVIANE !!! VIVIANE !!!
WAOUH ! ALEXANDRA SERAIT FIÈRE DE MOI... J'AI RÉUSSI MON SAUT !...
VIVIIIAAANE !!! ...
C'ÉTAIT QUOI, CE BRUIT STRIDENT ?...
JE NE SAIS PAS... JE SUIS INQUIÈTE POUR VIVIANE...
ET SI ELLE ÉTAIT PARTIE REJOINDRE MERLIN DANS LA FORÊT ENCHANTÉE DE BROCÉLIANDE ?! ...
TRÈS DRÔLE ! ...
IL A RAISON KIM... JE VOUS AI DIT QUE CETTE FORÊT EST MALÉFIQUE ! ...
REGARDEZ !... JE VOIS UN CHEVAL ARRIVER !...
C'EST JULIEN !
ALORS ?!...
J'AI CHERCHÉ PARTOUT... MAIS JE NE L'AI PAS TROUVÉE ! ...
MOI, JE VOUS DIS QU'ON LUI A JETÉ UN SORT !!! ...

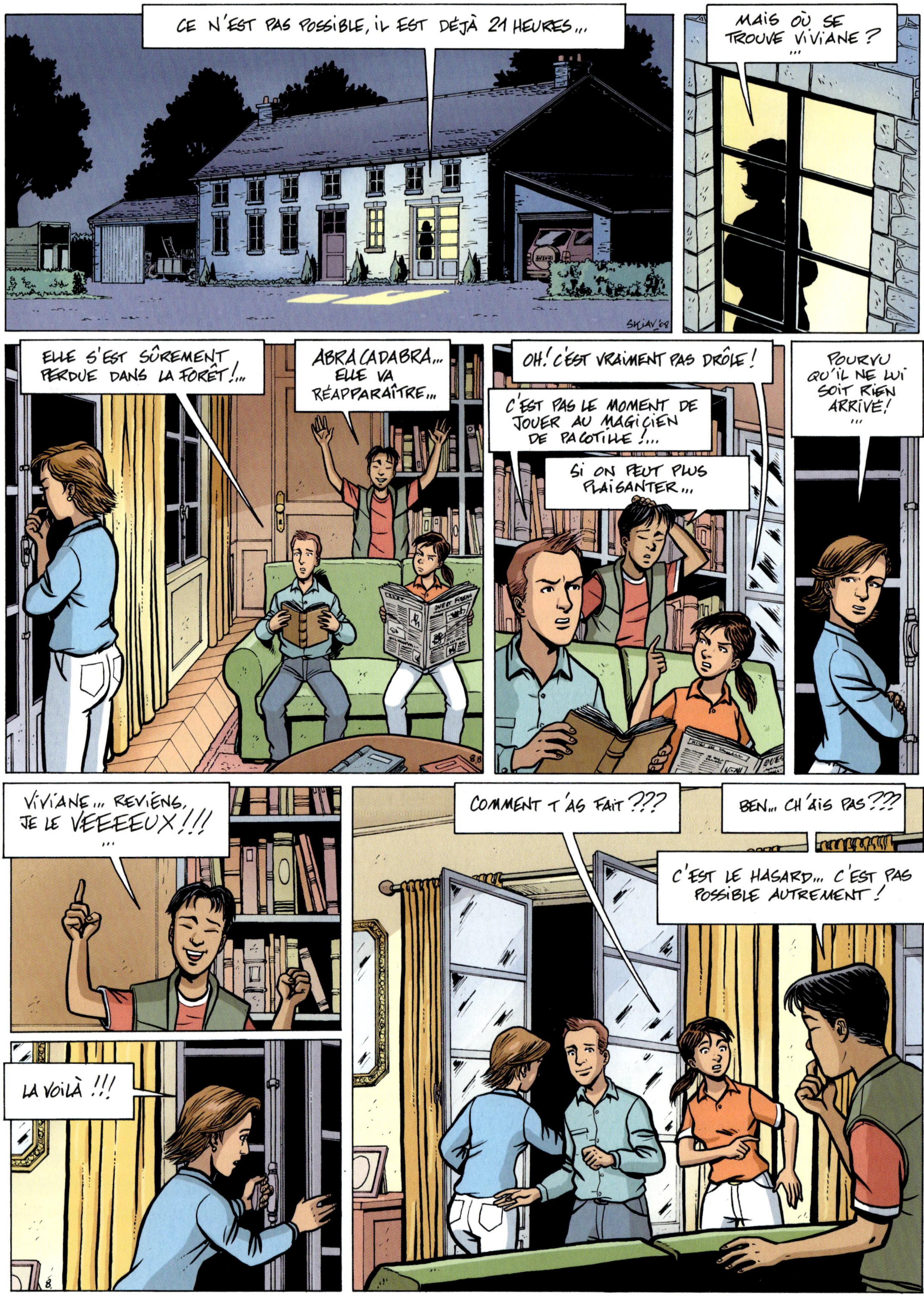

CE N'EST PAS POSSIBLE, IL EST DÉJÀ 21 HEURES...
MAIS OÙ SE TROUVE VIVIANE ? ...
ELLE S'EST SÛREMENT PERDUE DANS LA FORÊT !...
ABRACADABRA... ELLE VA RÉAPPARAÎTRE...
OH ! C'EST VRAIMENT PAS DRÔLE !
C'EST PAS LE MOMENT DE JOUER AU MAGICIEN DE PACOTILLE !...
SI ON PEUT PLUS PLAISANTER...
POURVU QU'IL NE LUI SOIT RIEN ARRIVÉ ! ...
VIVIANE... REVIENS, JE LE VEEEEUX !!! ...
LA VOILÀ !!!
COMMENT T'AS FAIT ???
BEN... CH'AIS PAS ???
C'EST LE HASARD... C'EST PAS POSSIBLE AUTREMENT !

VIVIANE... ENFIN !
MAIS QUE S'EST-IL PASSÉ ?
C'EST DINGUE QUAND MÊME !!! JE DIS "VIVIANE REVIENS"... ET ELLE EST LÀ !...
NE TE PRENDS PAS POUR HARRY POTTER POUR AUTANT !...
DIS DONC ! TU POURRAIS PRÉVENIR QUAND TU DISPARAIS DANS LA FORÊT !
VIVIANE, TU NE M'AS TOUJOURS PAS DIT CE QUI S'EST PASSÉ ??? RACONTE !!! ...
EUH... JE...
BIDIBI DIBIDI BIDIBI ...
MAIS QUI PEUT LUI TÉLÉPHONER À CETTE HEURE ???
AH ! C'EST TOI... OUI... OUI... ...
MOI, JE DIRAIS... SON PETIT AMI ! NON ??? ...
PFFFF !...

RIEN DANS LES MAINS ...
TADAMMMMM !!! ...
BONJOUR ! BONJOUR !
BIEN DORMI ?
BONJOUR ALEXANDRA !
MOI, J'AI FAIT DES CAUCHEMARS ...
CE MATIN, NOUS FAISONS DU SAUT D'OBSTACLES ET CET APRÈS-MIDI ...
VENEZ VIIIIIIITE !!!
?
STARLIGHT ET COBALT ONT DISPARU ...
NOOOON !!!
C'EST PAS VRAI !
MAIS QUE SE PASSE-T-IL ICI ???

C'ÉTAIT QUOI CES CRIS ?...
NOS DEUX PLUS BEAUX CHEVAUX NE SONT PLUS DANS LEURS BOX !...
MOI, J'VOUS DIS QU'IL Y A QUELQU'UN QUI NOUS EN VEUT... UN ESPRIT MALÉFIQUE !
J'APPELLE LA GENDARMERIE !
BON, LES ENFANTS ! SI VOUS VOULEZ ÊTRE AU TOP POUR LE "GALOP D'ARGENT"... AU TRAVAIL ! MOI, JE PARS À LA RECHERCHE DES CHEVAUX !...
ET SI MARTIN AVAIT RAISON ?...
PERSONNE NE VEUT ME CROIRE... MOI, J'SAIS QUE CE SONT LES ESPRITS DE BROCÉLIANDE... ILS NOUS TAQUINENT !...
JE SUIS SÛRE QUE VIVIANE EST DANS LE COUP, ELLE N'EST PAS NETTE CETTE FILLE !...
MOUAIS... TU CROIS QU'ELLE VOUDRAIT NOUS FAIRE UNE MAUVAISE BLAGUE ?...

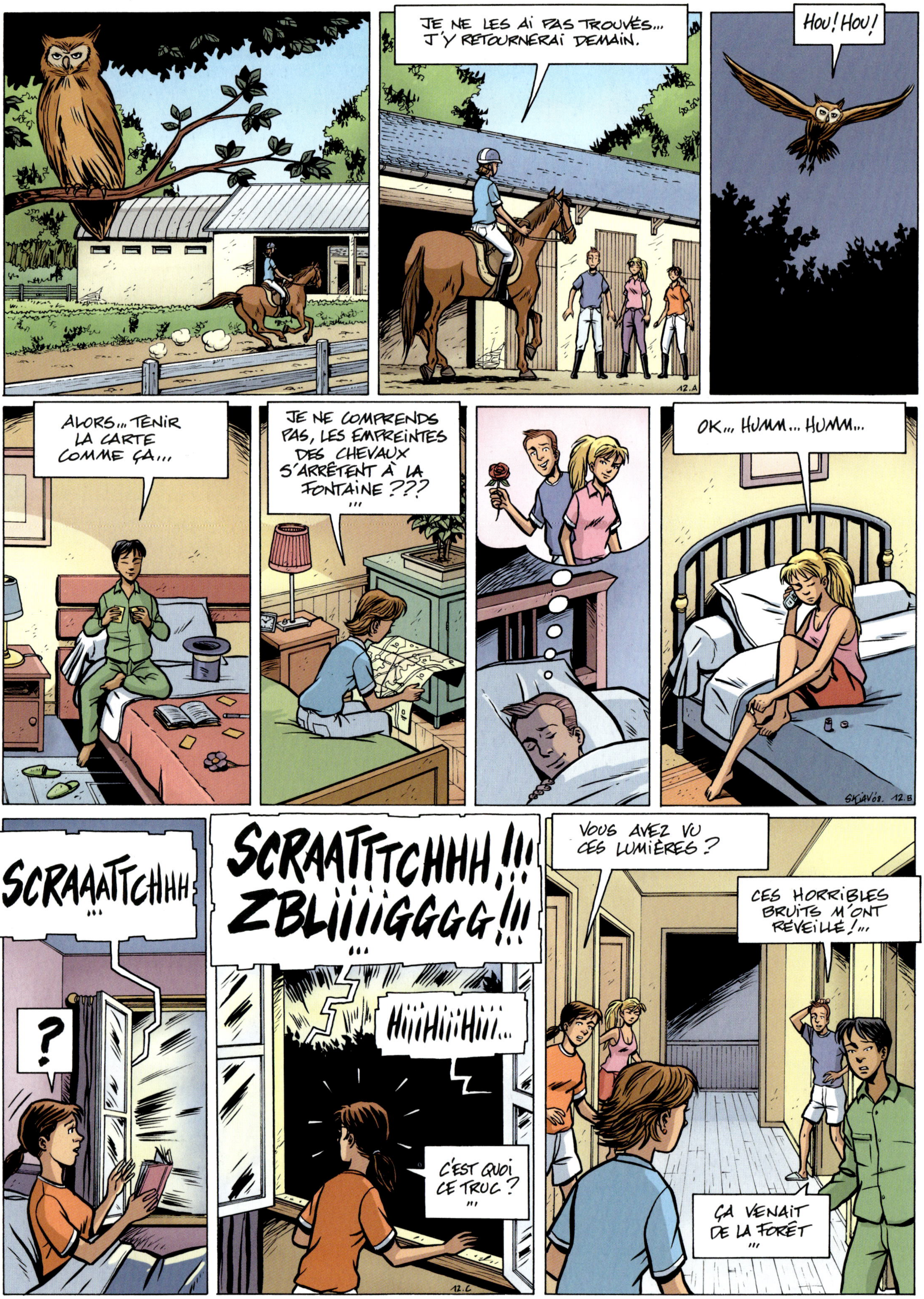
JE NE LES AI PAS TROUVÉS... J'Y RETOURNERAI DEMAIN.
12.A
HOU! HOU!
ALORS... TENIR LA CARTE COMME ÇA...
JE NE COMPRENDS PAS, LES EMPREINTES DES CHEVAUX S'ARRÊTENT À LA FONTAINE ???...
OK... HUMM... HUMM...
SKIAV08. 12.B
SCRAAATTCHHH...
?
SCRAATTTCHHH!!! ZBLIIIIGGGG!!!...
HiiiHiiiHiii...
C'EST QUOI CE TRUC ?...
12.C
VOUS AVEZ VU CES LUMIÈRES ?
CES HORRIBLES BRUITS M'ONT RÉVEILLÉ!...
ÇA VENAIT DE LA FORÊT...

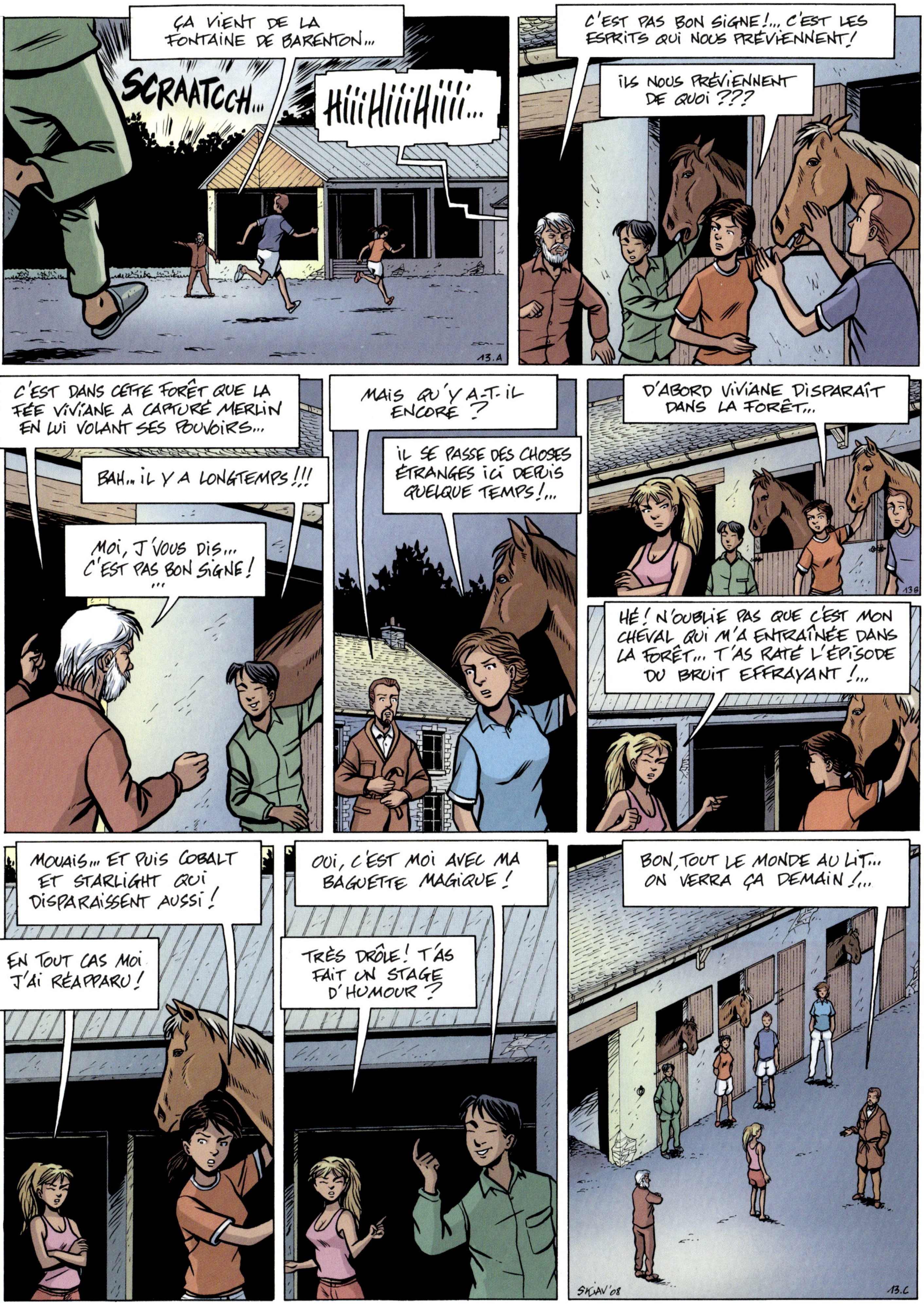
ÇA VIENT DE LA FONTAINE DE BARENTON...
SCRAATCCH...
HiiiHiiiHiiii...
13.A
C'EST PAS BON SIGNE !... C'EST LES ESPRITS QUI NOUS PRÉVIENNENT !
ILS NOUS PRÉVIENNENT DE QUOI ???
C'EST DANS CETTE FORÊT QUE LA FÉE VIVIANE A CAPTURÉ MERLIN EN LUI VOLANT SES POUVOIRS...
BAH... IL Y A LONGTEMPS !!!
MOI, J'VOUS DIS... C'EST PAS BON SIGNE !...
MAIS QU'Y A-T-IL ENCORE ?
IL SE PASSE DES CHOSES ÉTRANGES ICI DEPUIS QUELQUE TEMPS !...
D'ABORD VIVIANE DISPARAÎT DANS LA FORÊT...
13.B
HÉ ! N'OUBLIE PAS QUE C'EST MON CHEVAL QUI M'A ENTRAÎNÉE DANS LA FORÊT... T'AS RATÉ L'ÉPISODE DU BRUIT EFFRAYANT !...
MOUAIS... ET PUIS COBALT ET STARLIGHT QUI DISPARAISSENT AUSSI !
EN TOUT CAS MOI J'AI RÉAPPARU !
OUI, C'EST MOI AVEC MA BAGUETTE MAGIQUE !
TRÈS DRÔLE ! T'AS FAIT UN STAGE D'HUMOUR ?
BON, TOUT LE MONDE AU LIT... ON VERRA ÇA DEMAIN !...
SKIAV'08
13.C

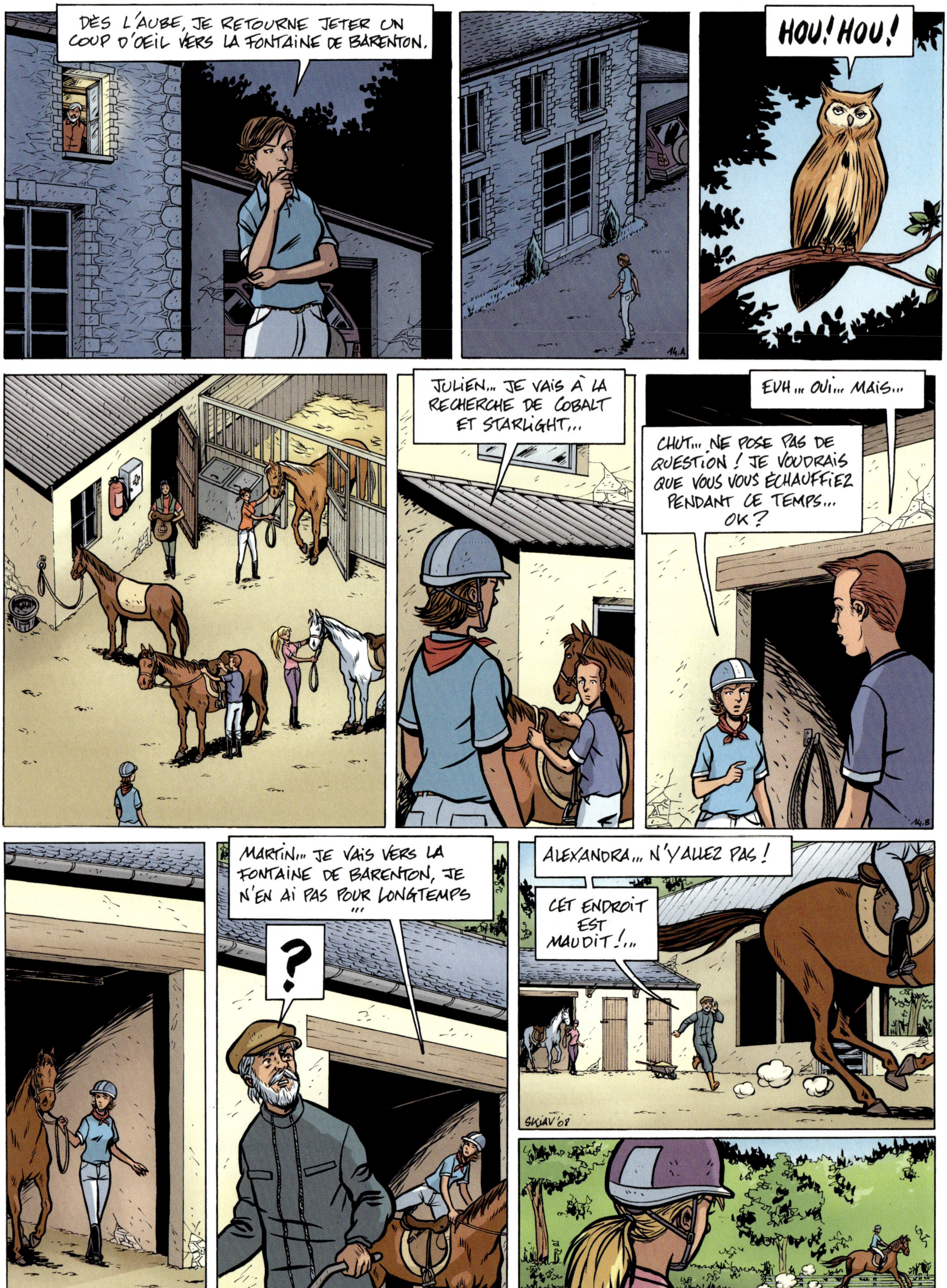
DÈS L'AUBE, JE RETOURNE JETER UN COUP D'OEIL VERS LA FONTAINE DE BARENTON.
HOU! HOU!
JULIEN... JE VAIS À LA RECHERCHE DE COBALT ET STARLIGHT...
EVH... OUI... MAIS...
CHUT... NE POSE PAS DE QUESTION ! JE VOUDRAIS QUE VOUS VOUS ÉCHAUFFIEZ PENDANT CE TEMPS... OK ?
MARTIN... JE VAIS VERS LA FONTAINE DE BARENTON, JE N'EN AI PAS POUR LONGTEMPS ...
?
ALEXANDRA... N'Y ALLEZ PAS !
CET ENDROIT EST MAUDIT !...
SKIAV'08

ALEXANDRA M'A DEMANDÉ DE NOUS ÉCHAUFFER PENDANT SON ABSENCE...
SI ALEXANDRA N'EST PAS LÀ, ÇA SERA SANS MOI...
VRAIMENT CETTE FILLE EST IMPOSSIBLE... JE LA DÉTESTE !
T'ES DURE AVEC ELLE ! ...
OH ! JE RÊVE ??? C'EST MOI LA MÉCHANTE MAINTENANT !
15.A
BIDIBIDI BIDIBIDI...
OUI... OUI... TOUT SE PASSE BIEN... JE TE RAPPELLERAI PLUS TARD...
15.B
OUI... MOI AUSSI JE T'AIME ...
SKIAV 08
15.C
HAAAAAA !!!...
?
?

ARTHUR!!! ARTHUR!
C'EST QUOI ENCORE CES CRIS ?
SNIF!... ARTHUR N'EST PLUS LÀ... SNIF...
T'AS REGARDÉ PARTOUT ?
OUI... SNIF... IL N'A PAS PU SE VOLATILISER !
ET ALEXANDRA QUI N'EST TOUJOURS PAS LÀ...
JE VAIS VOIR DANS LA FORÊT SI JE LES TROUVE !
NON ! ÇA NE SERT À RIEN ! LA GENDARMERIE DOIT PASSER DEMAIN MATIN FAIRE UNE ENQUÊTE...
J'ESPÈRE QU'ALEXANDRA VA VITE RENTRER...
ÇA COMMENCE À ME DONNER LA TROUILLE TOUTES CES HISTOIRES...
JE VOUS AVAIS PRÉVENUS... BROCÉLIANDE EST UNE FORÊT QUI CONTIENT PLUS D'UN SECRET !
SKIAV '08
16.C

Vingt-deux heures...
TOUJOURS PAS DE NOUVELLES D'ALEXANDRA !!!
TU VEUX QUE JE FASSE COMME ÇA ...
ALEXANDRA... REVIENS!!! REVIENS!!!
OH! ARRÊTE, CE N'EST PAS LE MOMENT DE PLAISANTER! ...
LISA A RAISON... KIM, T'ES LOURD DE CHEZ LOURD!
JE VAIS ESSAYER DE JOINDRE ALEXANDRA SUR SON PORTABLE.
BONNE IDÉE M'SIEUR LE DIRECTEUR! ...
BIP! BIP! BIP! BIP! BIP!...
OH! NON... ELLE A LAISSÉ SON PORTABLE ICI! ...
BON... TOUT LE MONDE AU LIT! ...
ET ALEXANDRA ???...
ELLE VA BIENTÔT RENTRER ...

BONJOUR ! VOUS VENEZ POUR L'ENQUÊTE !!!
ON VA VOIR DANS LA FORÊT SI ON RETROUVE ALEXANDRA.
D'ACCORD... SOYEZ PRUDENTS LES ENFANTS...
18.A
ALORS, QUE SE PASSE-T-IL ICI ? ...
JE VAIS TOUT VOUS EXPLIQUER.
'Y A PAS D'EXPLICATION... C'EST LES ESPRITS DE LA FORÊT, MOI J'VOUS DIS !...
MARTIN !!! VOUS N'AVEZ PAS DU TRAVAIL À FAIRE ???
MAUDITE FORÊT !...
BRRR... ELLE EST PAS RASSURANTE CETTE FORÊT ! ...
REGARDEZ... C'EST LE TOMBEAU DE MERLIN !...
18.B
HÉ !... C'EST LE FOULARD D'ALEXANDRA !
DONC, ELLE EST PASSÉE PAR ICI...
QUELLE PERSPICACITÉ ! HA ! HA ! HA !
HOU ! HOU !

IL FAUT SUIVRE CE HIBOU... ALLEZ, VITE ! ...
WOU-HOU...
WOU-HOU...
IL EST LÀ NOTRE HIBOU... SUR LA FONTAINE !
JE LA RECONNAIS... C'EST LA FONTAINE DE BARENTON...
SELON LA LÉGENDE DE BROCÉLIANDE, LORSQUE QUELQU'UN VERSE DE L'EAU DE LA FONTAINE SUR LA GROSSE PIERRE, IL SE PRODUIT UN VIOLENT ORAGE ! ...
WAOOUH ! TROP FORT ! ...
... J'AI BIEN ENVIE D'ESSAYER ! ...
MOUAIS... MAIS NE METS PAS TROP D'EAU... J'AI PAS ENVIE D'AVOIR UN GROS ORAGE ! HA ! HA ! HA ! ...
HI ! HI ! HI !
?
REGARDEZ CE QUE JE VIENS DE TROUVER !... DES FUSÉES !
D'ACCORD... JE COMPRENDS D'OÙ VENAIENT TOUTES CES LUMIÈRES... QUELQU'UN ESSAYE DE NOUS FAIRE UNE FARCE...
OU DE NOUS EFFRAYER ! ...
HIIIIHIIIIHIII...
?
CHUUUT !... J'AI CRU ENTENDRE ARTHUR ! ...
QUOI ??? LE ROI ARTHUR QUI A VÉCU ICI DANS LA FORÊT ? ...
NON ANDOUILLE... ARTHUR MON CHEVAL !...

ARTHUR!!! ARTHUR!!!
HiiiiHiiiiiHiii...
C'EST LUI... JE LE RECONNAIS...
ARTHUR... JE SUIS SI HEUREUSE DE TE RETROUVER!...
HUMPF! HUMPF!...
HiiiHiiiiHiii...
HUMPF! HUMPF!...
C'EST QUOI CE DRÔLE DE BRUIT?...
VENEZ VOIR!...
?!
HUMPF! HUMPF!...
ALEXANDRA!!!...
HUMPF! HUMPF!...

HIER, JE CHERCHAIS STARLIGHT ET COBALT, QUAND J'AI ENTENDU UN HENNISSEMENT... JE SUIS ENTRÉE DANS LA GRANGE... ET QUELQU'UN M'A ASSOMMÉE...
JE SUIS SÛR QUE COBALT ET STARLIGHT SONT ICI... JE VAIS LES CHERCHER !
...
REGARDEZ !... QUE FAIT CE LECTEUR MP3 ICI ?...
METS-LE EN MARCHE POUR VOIR...
21.A
CLIC !
SKIAV'08 21.B
SCRATCHHHH!!! ZBLIIGGG !...
HAAAA !... CE SONT LES BRUITS EFFRAYANTS QU'ON A ENTENDUS L'AUTRE SOIR !...
C'EST INSUPPORTABLE !!! ARRÊTE ÇA TOUT DE SUITE LISA !...
MAIS QUI CHERCHE À NOUS FAIRE PEUR ?...
BRAVO ! FÉLICITATIONS !... VOUS AVEZ TROUVÉ MON REPAIRE !...
MAX RITZ !!!
...
21.C
TU LE CONNAIS ?...
OUI, IL Y A QUELQUES ANNÉES, IL A FAIT LES GROS TITRES DES JOURNAUX.
ouest france
es Haras des Sables Blancs a ét
étruit par un incendie volontaire
eureusement les chevaux ont pu
sauvés... Pas les bâtiments mal
Ritz, l'auteur du délit est
s sous les verro

JE N'AIME PAS LES CURIEUSES!...
?
?
ON NE BOUGE PAS PETITS FOUINEURS... OU JE LUI FAIS UNE JOLIE CICATRICE COMME LA MIENNE!...
LÂCHEZ-MOI!
VOUS CHERCHEZ QUOI EN NOUS FAISANT PEUR AVEC VOS BRUITS ET VOS LUMIÈRES???
C'EST VOUS QUI AVEZ VOLÉ NOS CHEVAUX?...
POURQUOI VOUS FAITES TOUT ÇA?...
STOP! FINI LES QUESTIONS... C'EST MOI QUI PARLE!...
JE NE VEUX PAS QUE LE "GALOP D'ARGENT" AIT LIEU AU HARAS DE BROCÉLIANDE!!!
AH! OUI... ET POUR QUELLE RAISON???
TOI LE BEAU GOSSE... TU TE TAIS!!!
JE NE M'APPELLE PAS MAX RITZ MAIS LOÏC DANTEC, JE SUIS LE FRÈRE D'ERWAN! AH! AH! AH!...
ERWAN DANTEC, LE DIRECTEUR DU HARAS DE BROCÉLIANDE???
AH! AH! AH!... OUI JEUNE FILLE... ET VOUS SAVEZ QUOI??? JE DÉTESTE MON FRÈRE!...
MAIS JE PENSAIS QU'ERWAN DANTEC AVAIT PERDU SON FRÈRE EN MER IL Y A UNE DIZAINE D'ANNÉES???
EH NON... JE SUIS BIEN LÀ... EN CHAIR ET EN OS! AH! AH! AH!
HÉ... JE VIENS DE RETROUVER STARLIGHT ET COBALT!!!
OH! OH! C'EST QUI LUI???...

QUELQU'UN PEUT ME DIRE QUI EST CE MONSIEUR ?...
TOI... TU RESTES BIEN SAGE AUPRÈS DE TES PETITS CAMARADES, OK ?...
KIM... FAIS CE QU'IL DIT... CET INDIVIDU N'EST PAS VRAIMENT UN AMI !...
J'AI L'IMPRESSION...
EH OUI... JE DÉTESTE MON FRÈRE JUMEAU...
MAIS... C'EST QUI SON FRÈRE ?... JE NE COMPRENDS RIEN !...
TAISEZ-VOUS ! JE PARLE !...
LAISSE-LE PARLER... MONSIEUR S'ÉNERVE FACILEMENT !...
OUI... JE SUIS LE FRÈRE D'ERWAN DANTEC... OUI... C'EST MOI QUI AI MIS LE FEU AU HARAS DES SABLES BLANCS DANS LEQUEL TRAVAILLAIT ERWAN... CAR JE LE HAIS !...
...ET MAINTENANT JE VAIS DÉTRUIRE LE HARAS DE BROCÉLIANDE !... MAIS D'ABORD VOUS ALLEZ TOUS PÉRIR ICI !... JE VOUS DÉTESTE... JE DÉTESTE MON FRÈRE !!! AH ! AH ! AH !...
JE NE VEUX PAS QUE LE "GALOP D'ARGENT" SE DÉROULE DANS LE HARAS DE MON FRÈRE !...
LÂCHEZ-MOI !...
HIIIHIIIHIII...

ET VOUS ALLEZ FINIR COMME DES TOASTS BIEN GRILLÉS... AH! AH! AH!...
CE TYPE EST FOU!...
24.A
ET TOI, LE PYROMANE, TU VAS FINIR COMME UNE CRÈME RENVERSÉE!...
?
SKIAV'08
BOM!
BIEN VU, VIVIANE... T'AS ASSURÉ! ...
24.B
KOF! KOF! KOF! ...
HIIIIHIIIIHIII
VITE, IL FAUT SORTIR D'ICI!...
ET ON FAIT QUOI DE LOÏC ALIAS MAX??? ...
BRAOUM!
24.C
JE NE LE CROIS PAS!!! L'ORAGE... J'AI MIS PLEIN D'EAU SUR LA FONTAINE DE BARENTON! ...
OH! NON... NE ME DIS PAS QUE TU CROIS À CETTE LÉGENDE... CE N'EST QUE LE HASARD! ...

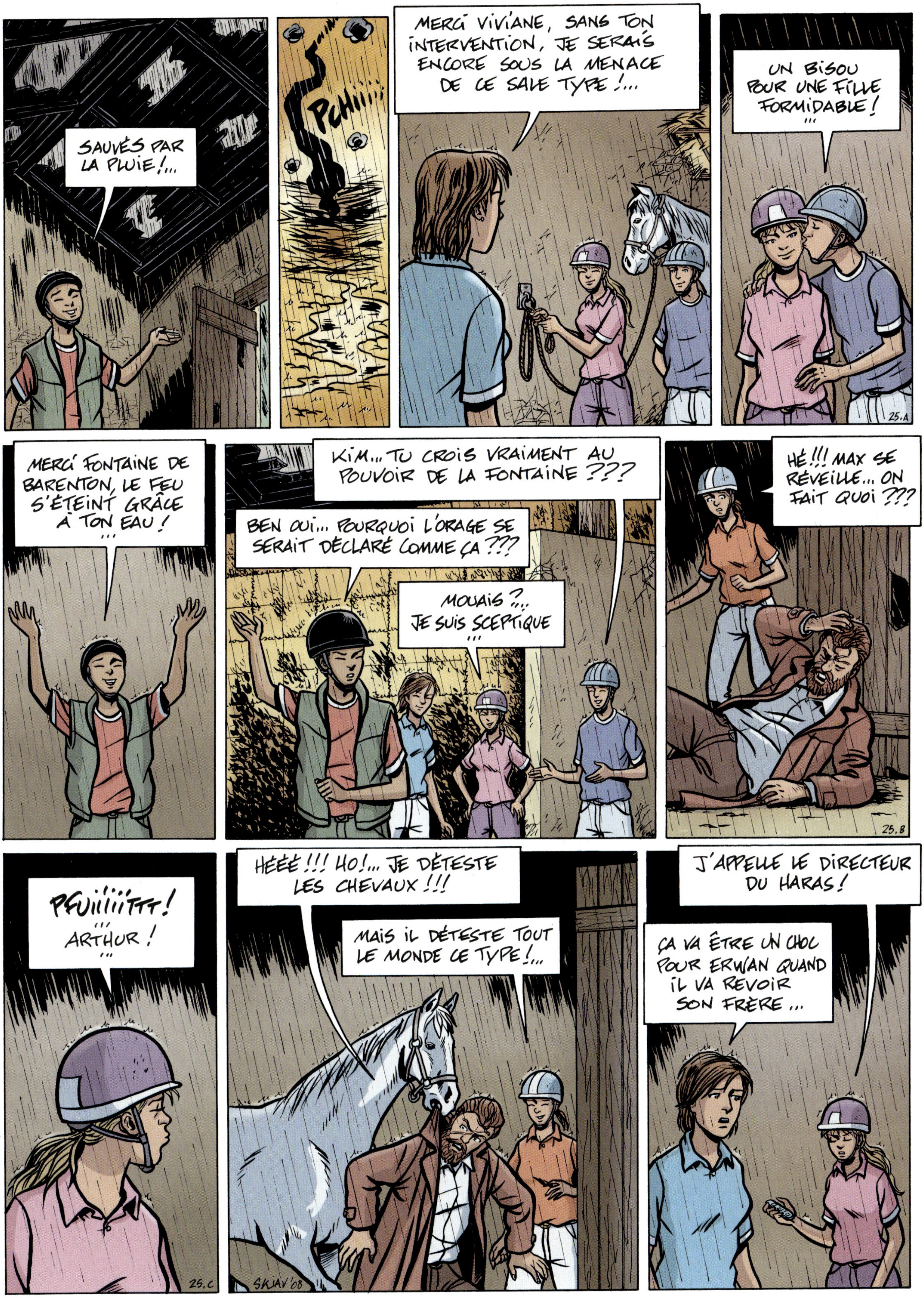
SAUVÉS PAR LA PLUIE !...
PCHI!!!!!
MERCI VIVIANE, SANS TON INTERVENTION, JE SERAIS ENCORE SOUS LA MENACE DE CE SALE TYPE !...
UN BISOU POUR UNE FILLE FORMIDABLE !
MERCI FONTAINE DE BARENTON, LE FEU S'ÉTEINT GRÂCE À TON EAU !
KIM... TU CROIS VRAIMENT AU POUVOIR DE LA FONTAINE ???
BEN OUI... POURQUOI L'ORAGE SE SERAIT DÉCLARÉ COMME ÇA ???
MOUAIS ?... JE SUIS SCEPTIQUE
HÉ !!! MAX SE RÉVEILLE... ON FAIT QUOI ???
PFUIIIITTT ! ARTHUR !
HÉÉÉ !!! HO !... JE DÉTESTE LES CHEVAUX !!!
MAIS IL DÉTESTE TOUT LE MONDE CE TYPE !...
J'APPELLE LE DIRECTEUR DU HARAS !
ÇA VA ÊTRE UN CHOC POUR ERWAN QUAND IL VA REVOIR SON FRÈRE...
SKIAV'08

ALLÔ... C'EST VIVIANE... ON A RETROUVÉ ALEXANDRA... IL FAUT VENIR VITE AVEC LES POMPIERS... IL Y A LE FEU... APPELEZ LA GENDARMERIE AUSSI... ON VOUS EXPLIQUERA...
TU LE TIENS BIEN, ARTHUR !...
LÂCHEZ-MOI !...
IL Y A ENCORE BEAUCOUP DE FUMÉE...
OH ! NOOON ! C'EST L'ENDROIT OÙ SONT ENFERMÉS COBALT ET STARLIGHT... VITE, IL FAUT LES LIBÉRER !...
HIIIIHIIIHIII...
ARTHUR, SURTOUT NE LÂCHE PAS CE BANDIT ! LES GENDARMES ET LES POMPIERS ARRIVENT !...
KIM, ALEXANDRA... FAITES ATTENTION !...
HIIIIHIIIII...
LE FEU A DÛ SE PROPAGER PAR LES BOTTES DE PAILLE... ET LE TOIT N'EST PAS ABÎMÉ, DONC IL NE LAISSE PAS PASSER LA PLUIE !...
ILS ONT RÉUSSI ! BRAVO !
KOF ! KOF ! KOF !...
PIN... PON... PIN... PON...
VOILÀ LES POMPIERS !...
TOUT DOUX, MES BEAUTÉS !...

SKIAV'08
JE N'EN REVIENS PAS!!! LOÏC?!... MOI QUI TE CROYAIS DISPARU EN MER! MAIS POURQUOI TOUS CES MENSONGES?...
AH! AH! AH! MAX RITZ A REMPLACÉ LOÏC. POURQUOI??? PARCE QUE... JE T'AI TOUJOURS DÉTESTÉ!
JE NE COMPRENDS PAS... POURQUOI?...
ERWAN EST LE MEILLEUR À L'ÉCOLE! ERWAN EST LE PLUS GENTIL!... VOILÀ CE QUE J'ENTENDAIS À LONGUEUR DE JOURNÉE... TOUT PETIT DÉJÀ JE NE T'AIMAIS PAS ET JE N'AI JAMAIS VOULU ÊTRE TON FRÈRE JUMEAU. JE TE HAIS!!!
27.A
CET HOMME EST FOU!...
ET DANGEREUX!...
LA PLUIE A CESSÉ!...
?
VIVIANE, ÇA N'A PAS L'AIR D'ALLER?...
27.B
JE PENSE À MES PARENTS QUI NE SERONT PAS LÀ POUR LE "GALOP D'ARGENT" ET ÇA ME REND TRISTE...
TU ES SÛRE QU'ILS NE POURRONT PAS VENIR?
OUI! MON PÈRE NE PENSE QU'À SON BOULOT, IL N'EST JAMAIS LÀ, ILS SONT TOUJOURS À L'ÉTRANGER ET MA MÈRE PRÉFÈRE L'ACCOMPAGNER QUE VENIR ME VOIR... J'M'EN FICHE DE LEUR ARGENT... C'EST LEUR AMOUR QUE JE VEUX. JE NE SUPPORTE PLUS DE LEUR PARLER PAR TÉLÉPHONE...
27.C
ET MOI QUI PENSAIS QUE TU AVAIS UN PETIT COPAIN... PARCE QUE TU ES TOUJOURS SCOTCHÉE À TON PORTABLE!...

COMPÉTITION NATIONALE DE SAUT D'OBSTACLES "LE GALOP D'ARGENT"
BIENVENUE AU HARAS DE BROCÉLIANDE !...
NOUS DEMANDONS AUX CONCURRENTS DE PRENDRE PLACE... LA COMPÉTITION VA COMMENCER !...
NATIONAL DE GALOP D'ARGENT
MES PARENTS NE M'ONT MÊME PAS APPELÉE POUR ME SOUHAITER BONNE CHANCE ! TU TE RENDS COMPTE... CE N'EST VRAIMENT PAS COOL !...
NE SOIS PAS TRISTE... TU VAS RÉUSSIR... TU LEUR ENVERRAS LE TROPHÉE QUE TU VAS REMPORTER !...
SÛREMENT PAS ! ILS N'AVAIENT QU'À ÊTRE LÀ ! ...
PREMIÈRE CONCURRENTE, MADEMOISELLE LISA QUI MONTE STARLIGHT...
VAS-Y STARLIGT ! IL FAUT QU'ON GAGNE !...
CLAP ! CLAP ! CLAP !
CLAP ! CLAP ! CLAP ! CLAP !
UN SANS-FAUTE POUR LISA !...
CLAP ! CLAP ! CLAP ! CLAP !
SKIAV 08

NOUVEAU CONCURENT... JULIEN SUR COBALT !...
À MOI...
OOOOOOOH !!!
AÏE !
POC !
NE TE DÉCOURAGE PAS JULIEN !
29.A
MES PARENTS NE VIENDRONT PAS...
ET MAINTENANT ARTHUR, MONTÉ PAR MADEMOISELLE VIVIANE !...
29.B
EH BIEN, LES PARENTS DE VIVIANE SONT QUAND MÊME VENUS !
C'ÉTAIT SI IMPORTANT POUR ELLE !
TOI, T'ES EN TRAIN DE TOMBER AMOUREUX... AVOUE !
ÇA M'AGACE, ELLE RÉUSSIT SON PARCOURS... J'AURAIS PRÉFÉRÉ QU'ELLE SOIT TRISTE POUR QU'ELLE RATE LA COMPÉTITION !
C'EST PAS SYMPA, ÇA !...
TU SERAIS PAS JALOUSE DE VIVIANE, TOI PAR HASARD ???
...
MOI ??? PFFFFF !...
SHIAV '08
29.C

LE GALOP D'ARGENT
MA CHÉRIE, DÉSOLÉE D'ÊTRE EN RETARD !...
C'EST UNE BONNE NOUVELLE QUE VOUS SOYEZ LÀ !...
LA MEILLEURE DES NOUVELLES EST QUE TON PÈRE A PRIS UNE DÉCISION : NOUS NE TE QUITTERONS PLUS !...
OUI, J'AI DÉCIDÉ DE NE PLUS VOYAGER POUR MES AFFAIRES !...
ET VOICI LE RÉSULTAT DE LA COMPÉTITION...
CETTE ANNÉE, NOUS AVONS DEUX MÉDAILLES DU "GALOP D'ARGENT"... REMPORTÉES EX AEQUO PAR LISA ET VIVIANE !...
BRAVO ! BRAVO !...
CLAP ! CLAP !
CLAP ! CLAP !
CLAP ! CLAP !
CLAP ! CLAP !
WOOOOUUUUUUU
?!!
C'EST QUOI ENCORE CE BRUIT ???...
CE N'EST RIEN, JUSTE LE VENT DANS LES BRANCHES...
MOI J'VOUS DIS QUE C'EST VIVIANE...
MOI ???...
NON... NOTRE VIVIANE DE BROCÉLIANDE, LÀ-BAS, PRÈS DE LA FONTAINE DE BARENTON...
MARTIN, ARRÊTEZ DE DIRE N'IMPORTE QUOI !...
GRISSEAUX / SKIAV / ROUSSEAU
FIN !

Jungle
Jungle kids
Bob l'éponge
Totally Spies!
Sourire d'Enfer
Silence, on tourne
Scooby-Doo!
Le Mystery Machine
Shrek
Shrek le Troisième
L'Âge de Glace 2 en BD
Les Simpson
Un sacré foin
Les Simpson Quelle bidonnade !
Il était une fois... Le cinéma
Kangoo Juniors
Barbie
Aventures aux Caraïbes
Nina Tonnerre
Gothic Girl
Girlz
L'Amour de A à Z
Le Look de A à Z
Les recettes inratables de Jean-Pierre Coffe
Les desserts inratables de Jean-Pierre Coffe
Les recettes de fêtes inratables de Jean-Pierre Coffe

Alexandra Ledermann
Vis une aventure extraordinaire avec des chevaux sauvages !
PC CD-ROM
Wii
Alexandra Ledermann
LA COLLINE AUX CHEVAUX SAUVAGES
Alexandra Ledermann
LE MYSTÈRE DES CHEVAUX SAUVAGES
NINTENDO DS
3+
UBISOFT
www.clubalexandra.com
NINTENDO DS
Wii
PC DVD ROM
UBISOFT
3+
www.pegi.info
Le port d'un casque répondant aux normes européennes est vivement conseillé lors de la pratique de l'équitation.
© 2008 Ubisoft Entertainment. Tous droits réservés. Ubisoft, Ubi.Com et le logo Ubisoft sont des marques d'Ubisoft Entertainment en France et / ou autres pays.